AF337976

APPEL A LA JUSTICE DU PAYS ET DU SÉNAT!

UNE

POURSUITE POLITIQUE

POUR PRÉTENDUS

CRIS SÉDITIEUX

UN PÈRE DE SEPT ENFANTS, UN LIBRAIRE TRÈS-HONORABLE,
CONDUIT AVEC UNE MENOTTE,
PAR UN GENDARME, PUBLIQUEMENT ET EN PLEIN JOUR

Quatre jours et quatre nuits
d'un très-rigoureux emprisonnement cellulaire
et ses résultats déplorables

« Ne les craignez donc point ; car il n'y a rien de
« caché qui ne doive être découvert, ni rien de
« secret qui ne doive être connu.
« Ce que je vous dis dans les ténèbres, dites-le
« dans la lumière ; et ce que je vous dis à l'oreille,
« prêchez-le sur le haut des maisons.
« Et ne craignez point ceux qui ôtent la vie du
« corps et qui ne peuvent faire mourir l'âme. »
(*Évangile selon saint Matthieu, chapitre X,
versets 26, 27 et 28.*)

PARIS ET VERSAILLES
PARTOUT ET NULLE PART
—
1877

J'AI PARTAGÉ SANS DÉGOUT LE LIT DES MALFAITEURS

Pendant ma cruelle détention de quatre jours et de quatre nuits dans la maison d'arrêt de la rue Saint-Pierre, à Versailles, j'ai partagé, *sans aucune espèce de dégoût*, la couche des malfaiteurs, composée d'un lit en fer fixé au mur par le haut et par le bas et à peine large pour un homme ; sur lequel lit est étendue une toile bien rembourrée de paille, surmontée d'un très-petit traversin également rembourré de paille et sur lequel a porté directement, de compagnie avec la mienne, la dure tête de plusieurs malfaiteurs, si j'en juge par cette inscription très-lisible (parmi d'autres illisibles) gravée sur le mur de gauche, en entrant, de ma cellule (n° 46, 3ᵉ étage) : *Vive* 1882. Petit *Marcellin, de la Villette, fait dix ans de travaux forcés. Vive Poissy et les Godillot.*

Sur d'autres endroits du mur se trouve gravée une croix.

J'avais en outre deux couvertures assez propres, dont la première, en laine brune, large et très-longue, et l'autre, de couleur blanche et en coton, mais beaucoup plus étroite et beaucoup moins longue.

Une chemise très-courte et qui me cachait à peine, au dos, ce qu'on ne peut nommer sans indécence, faisait porter ma chair à nu sur une paillasse un peu sale où l'on voyait çà et là d'anciennes traces de s.... humaine.

On m'avait bien donné deux petits draps très-propres ; mais, dans mon insomnie continuelle (je n'ai pas fermé l'œil les deux premières nuits et j'ai à peine dormi, en tout, deux ou trois heures les deux nuits suivantes), dans mes cruelles insomnies et à force de remuer, je ne tardai pas à déplacer les draps qui étaient peu larges ; en sorte que je puis dire en ce moment, neuf heures du matin, 16 décembre 1876[1], que pendant quatre nuits de 16 heures chacune, ou 64 heures, ma chair

1. J'ai écrit cet article dans ma cellule même, le matin qui a précédé ma mise en liberté.

a touché la chair et ma tête a touché la tête des malfaiteurs qui m'ont
précédé dans cette cellule du 3e étage, no 46.

D'autres (les sages selon le monde) rougiraient de ces souvenirs et
de ce contact. Moi, je m'en honore.

D'abord, qui m'assure que ces criminels, devenus mes frères par ces
circonstances fortuites, ne se sont pas repentis et ne sont pas aujour-
d'hui des saints dans le ciel ; car, dans la souffrance noblement et chrétiennement supportée, en union avec les souffrances et la Passion de
Notre Seigneur Jésus-Christ, *vrai Dieu et vrai Homme*, quoi qu'en
disent Renan et de misérables athées, dans la souffrance supportée
chrétiennement, il y a un parfum de sainteté et de salut !

Et puis, qui m'assure encore que, parmi les malfaiteurs qui ont
couché à nu sur cette même paillasse, il n'y a pas quelque innocent.
martyr de la douleur, que Dieu a reçu dans sa gloire et auquel il donne
de grands pouvoirs au profit de ceux qui, dans ce monde, ont partagé
sa couche de prisonnier et qui l'invoquent ?

Mon sens intime me dit que cette appréciation est fondée, et que
mon ignoble paillasse et mon sale traversin ont été sanctifiés par le
martyre et par le repentir !

Je suis donc persuadé que par la puissante protection auprès de
Dieu de ceux des malheureux, innocents ou revenus au bien, qui ont
gémi comme moi sur cette espèce de lit-cercueil, j'arriverai un jour
au pouvoir, d'une *manière désintéressée*, et seulement pour être le pro-
tecteur des pauvres et des malheureux. et leur intermédiaire *abordable*
auprès d'une jeune et future Majesté bien connue.

Enfin, dans cette même cellule, Dieu m'a inspiré, si j'étais appelé à
me défendre devant les tribunaux. de terminer mon plaidoyer par ce
cri prophétique répété trois fois et qui retentira dans le monde entier :

ALSACE ! ALSACE ! ALSACE !

LORRAINE ! LORRAINE ! LORRAINE !

Vous ne tarderez pas d'être à nous !

PIÈCES QUI COMPOSENT LA PRÉSENTE BROCHURE

I. **Premier Mémoire.** — Les souffrances d'un Prévenu Bonapartiste soumis à un dur régime cellulaire (en vers, avec quelques notes en prose).

II. **Lettre à Madame la Maréchale de Mac-Mahon.** — Nécessité de dissoudre la Chambre des Députés, si elle persiste à se proclamer impie sous le pseudonyme de liberté de conscience. — Sur la question d'Orient, nécessité d'agir d'un commun accord avec la Russie et de lui prêter de l'argent à un taux modéré.

III. **Deuxième Mémoire.** — Preuves que je n'ai commis aucun délit, et preuves que ma dure détention de quatre jours et de quatre nuits, chacune de 16 heures, a été monstrueusement illégale.

IV. **Troisième et dernier Mémoire.** — Explication de l'incident du Pavillon Barascud, du dimanche 7 janvier 1877. — Ma réponse à ceux qui m'opposent ma condamnation de 1858, pour délit de presse. — Preuves nouvelles et péremptoires de ma complète innocence. — Défi fait au Parquet et à la Justice de pouvoir m'infliger une punition méritée. — Motifs réels de mes actes politico-relihieux.

Typographie Lahure, rue de Fleurus, 9, à Paris.

MÉMOIRE

PRÉSENTÉ

A M. LE PRÉSIDENT & A MM. LES JUGES

DU

TRIBUNAL CORRECTIONNEL DE VERSAILLES

Les souffrances d'un Prévenu Bonapartiste
soumis à un dur régime cellulaire.

Mon grabat est comme un cercueil (1).
Par mes larmes, par ma souffrance,
Mon Dieu, rendez-moi l'innocence,
L'innocence et son noble orgueil (2).

Lit, traversin de paille dure
Ne sont pas faits pour me calmer :
C'est une indicible torture ;
Mes yeux ne peuvent se fermer.

---

(1) Mon dur grabat, en effet, n'est guère plus large qu'un cercueil dans lequel un mort, étendu mollement, serait très à l'aise et pourrait au besoin jouer des coudes.

(2) Ce vers si touchant, si simple et si bien frappé, est, comme on le sait, de l'infortuné Gilbert. Quand je ne puis pas faire mieux, je ne pille pas, je cite.

Que tu vives ou que tu meures,
Subis cette terrible loi !
Chaque nuit tu seras quinze heures (1),
Sur ce grabat, objet d'effroi !

Qu'il soit d'une très-dure paille,
Au point d'en être endolori,
Faudra-t-il donc, lit de canaille (2),
Que je n'en sorte que meurtri !

Oui, la douleur seule a sa place,
Car de sommeil on n'en voit plus (3) :
Le dos et les os sont rompus ;
Mais je ne veux point crier grâce.

J'aurais bien moins de dureté
Si je couchais sur une planche.
Ma position serait franche ;
Je m'étendrais en liberté.

Une couverture mal mise
Et qui vous laisse demi-nus,
Une faible et courte chemise (4),
Avant le temps vous font perclus.

---

(1) Et même en ce moment, 16 décembre 1876, seize heures par
nuit, seize heures de chevalet, sans pouvoir se promener dans sa
cellule ; des gardiens sévères faisant, jour et nuit, rigoureusement
exécuter le règlement de la prison.

(2) Ce lit a été occupé par plus d'un malfaiteur. D'après des
inscriptions gravées sur le mur de la cellule, l'un d'eux, Petit,
Marcellin, de la Villette, avait été condamné à dix ans de travaux
forcés.

(3) On insiste sur cette privation totale de sommeil : c'est le
plus cruel des supplices.

(4) Au point d'en être très-indécent.

Diogène, avec sa lanterne
Sans cesse vient me surveiller.
Sa lumière, qui n'est pas terne,
Douze fois sur nous vient briller (1).

Deux potages plus que modestes,
Du pain qu'on ne peut manger sec,
Et dont on laisse bien des restes (2),
De l'eau pour se rincer le bec :

Voilà le régime salubre
Que l'on subit sous les verroux !
Tout est morne, tout est lugubre ;
Plusieurs y sont devenus fous.

Et cette prison cellulaire,
Nous la devons aux radicaux !
Qu'ils viennent voir, dans le mystère,
Combien elle produit de maux.

On se couche comme la poule (3),
Mais sans pouvoir dormir en paix ;
Et devant Dieu, loin de la foule,
On se repent de ses forfaits.

Quel homme peut se dire juste ?
Qui de nous n'est pas un coquin ?
Oui, même l'empereur Auguste,
Devant Dieu n'était qu'un gredin !

---

(1) Comment serait-il possible de dormir avec une aussi rigou-
reuse surveillance ?

(2) Parce qu'on ne peut l'avaler.

(3) On se couche un peu avant qu'il fasse nuit, et l'on se lève
un peu après qu'il fait jour.

Pas de linges à votre usage (1) :
On pourrait s'en serrer le cou,
Ce qui ne serait pas très-sage ;
Mais on crache je ne sais où.

Pour essuyer ce qu'on ne nomme
Qu'avec grande précaution,
Faute de papier, voyez comme
De pain je m'applique un croûton (2) !

Le soir, on vous dépouille à nu (3),
Puis l'on vous donne une chemise.
Le matin, tout vous est rendu,
Même votre élégante mise.

On se lève et l'on fait son lit,
Balayant, cirant sa cellule.
Pour ces travaux nul ne recule :
Le devoir ainsi s'accomplit.

Une peu fervente prière
Est adressée à l'Éternel.
Je ne crois pas qu'elle transfère
Beaucoup de prisonniers au ciel (4).

---

(1) Ni serviette, ni serre-tête, ni mouchoir, ni papier, ni quoi que ce soit pour se tenir propre, après qu'on a satisfait à certains besoins naturels. L'idée de me servir avec succès du détestable pain de la prison ne pouvait venir que dans la tête d'un original comme moi. J'ai bien ri moi-même, et de l'opération et des vers qu'elle m'a inspirés.

(2) Ce pain, par sa très-mauvaise qualité, était digne d'un tel usage.

(3) Complétement à nu, parties naturelles comprises ; ce qui m'a donné un fort rhume qui dure encore.

(4) Parce que cette prière m'a paru plus *officielle* que sincère.

Courte promenade d'une heure :
Dans un espace rétréci (1) ;
Puis, pour que personne ne meure,
Un potage chaud est servi (2).

On vous ferme à triple serrure,
Bien et dûment encellulé !
Ici commence la torture
De se voir toujours isolé.

Que de choses on voudrait dire !
Vous suppliez, mais c'est en vain.
Vous êtes très-pressé d'écrire (3) :
On vous remet au lendemain.

Pas un livre pour se distraire,
Fût-ce un livre de piété !
Et l'on peut ainsi, sans colère,
Se voir à ce point maltraité !

---

(1) Dans une très-petite cour oblongue, de deux ou trois mètres carrés tout au plus, et flanquée de murs qui continuent de vous emprisonner et qui interceptent, sur vos flancs, à droite et à gauche, une bonne partie de l'air respirable.

(2) Composé d'eau bouillie avec des débris d'oseille, de carottes et de pommes de terre, et assaisonnée de mauvaise graisse ou de mauvais beurre.

(3) Les moments les plus douloureux, surtout pour un prévenu et pour un père de famille qui aime sa femme et ses enfants, sont les premières heures de sa captivité. S'il avait de l'encre, du papier et des plumes, il pourrait au moins se distraire en écrivant ses émotions. Néanmoins, on ne le laisse communiquer avec personne, on le prive de tout, et on ne lui donne pas même un simple livre de prières.

Pauvre prisonnier, pleure, pleure,
Et renferme en toi ton chagrin;
Car, de ta nouvelle demeure,
Nul ami ne prend le chemin!

Nota. — Le prévenu bonapartiste, auteur de ces vers, composés, pendant ses nuits d'insomnie, au haut de la cellule du troisième étage, nº 46, ne garde de rancune contre personne, et déclare, au contraire, n'avoir eu qu'à se louer de la bienveillance et de l'impartialité des magistrats.

La police l'avait molesté; il a résisté à la police et lui a prouvé qu'il était homme de cœur et d'énergie.

Bien qu'il eût sur lui, au moment de son arrestation, 7,652 fr. 45 c. d'argent comptant et de valeurs, il a mieux aimé épargner pour de plus pauvres que lui et ne manger d'autre pain et d'autres mets que ceux du régime cellulaire.

Il n'a jamais bu que de l'eau claire; et il regrette, comme meubles très-commodes, la table sur laquelle il écrivait, et la fontaine à robinet avec une cuvette de cuivre.

Il reconnaît aussi que les cellules, sauf la paillasse et le traversin, sont d'une admirable propreté.

Le prévenu bonapartiste, mis en liberté après quatre jours de prévention, espère qu'à raison de ses souffrances noblement et chrétiennement supportées, le parquet fermera les yeux sur la contravention de police relevée avec raison contre lui.

Cette dure détention de quatre jours, pour un simple cri public, non séditieux, lui a mis du plomb dans la tête, et il remercie sincèrement la police de lui avoir fait connaître tous les avantages et toutes les douceurs du cruel régime cellulaire.

Observation très-essentielle. — Si l'on veut qu'à l'avenir j'obéisse, qu'on se tienne dans la légalité et qu'on se montre convenable envers moi, sans me rudoyer. Je cède avec plaisir à la douceur, mais je résiste énergiquement à la violence (au point de vue moral, bien entendu).

Versailles, le mardi matin, 19 décembre 1876.

Dernière observation. — Renseignements pris au parquet, la poursuite aura lieu. On m'accuse d'outrage public à la très-respectable et très-pieuse Chambre des députés.

Mon intention n'a jamais été de l'outrager le moins du monde.

A raison de la partie mauvaise de cette Chambre et de ses tendances impies et révolutionnaires, et tout en criant : *Vive le Sénat, Vivent les Députés conservateurs!* j'ai demandé que M. le Maréchal de Mac-Mahon, usant des voies légales, voulût bien faire appel au pays et dissoudre les libres ou tristes penseurs, partisans des enterrements civils, lesquels sont une manifestation publique d'athéisme, que tout gouvernement qui se respecte ne devrait pas tolérer.

Le parti radical voudrait enterrer Dieu : c'est Dieu, au contraire, qui l'enterrera lui-même.

Versailles, le mercredi 20 décembre 1876, 8 h. du matin.

Jusqu'à présent j'avais toujours signé mes écrits, *afin de m'en déclarer responsable.*

Comme on m'accuse d'une ambition démesurée et d'un immense orgueil; que l'on prétend, par contre-coup, que je veux à tout prix, faire parler de moi, *per fas et nefas*, même par l'odieuse voie du chantage ou par le dangereux et ridicule moyen de l'excentricité volontaire, je fais acte d'humilité profonde et je m'enveloppe sciemment de l'obscur ou transparent manteau de l'anonyme.

Néanmoins, comme je suis très-connu à Versailles, je serai toujours prêt à marcher sur le terrain et à pourfendre mon adversaire, mais en faisant une large part à la courtoisie et à la conciliation, et en faisant harmonieusement couler non pas du sang, mais de l'encre !

LAUS DEO !

Versailles, le vendredi 22 décembre 1876.

P. S. — Le vendredi 15 décembre 1876, la police républicaine de Versailles a fait examiner mon état mental par *trois médecins*, sous la présidence de M. le docteur Pénard. Après discussion contradictoire avec ces messieurs, j'ai été, à l'unanimité, déclaré sain d'esprit. D'où je tire la conséquence que Dieu et Jeanne Darc daignent me choisir pour leur obscur et indigne instrument, et m'ordonnent d'ajouter, en leur nom, que le ministère de la libre pensée et de l'athéisme n'est pas né viable.

Le Samedi soir 23 décembre 1876.

PARIS. — IMPRIMERIE MODERNE (Barthier d°), rue J.-J.-Rousseau, 61.

Versailllles, le dimanchè soir, 10 décembre 1876, 8 heures.

(Lettre mise à la poste de Versailles, le lendemain seulement, à
9 *heures du matin.)*

A MADAME LA MARÉCHALE DE MAC-MAHON,
DUCHESSE DE MAGENTA.

Madame la Maréchale,

Il est de mon devoir, dans la crise actuelle et qui se prolonge,
de rappeler à votre Auguste Époux, par votre douce et honorable influence, quelle doit être sa ligne de conduite.

Je continue à parler hardiment au nom de Dieu, justement
irrité contre les principes athées et matérialistes de la Chambre
des Députés, et au nom de Jeanne d'Arc, inspirée de Dieu et
protectrice de la France.

Dieu et Jeanne d'Arc m'ordonnent de prévenir de nouveau le
Président de la République qu'il doit, en s'appuyant sur la
majorité catholique du Sénat, résister énergiquement à la
Chambre des Députés, et la dissoudre au besoin, si elle persiste
à se proclamer impie sous le pseudonyme de liberté de conscience.

Une Chambre athée, et qui prendrait le dessus, conduirait
infailliblement la France à la ruine et à la guerre civile.

Sur la question d'Orient, il faut protéger les Chrétiens, *d'un*
commun accord avec la Russie; et, en cas de guerre, et puisque

la Banque a des milliards improductifs, utiliser cette ressource providentielle et prêter à la Russie à un taux modéré.

Dans l'avenir, et même dès ce moment, la France et la Russie doivent être un Peuple de frères.

Les principes que j'énonce sont plus amplement développés dans le cours, et dès les premières pages d'un ouvrage que j'ai publié au mois de septembre dernier, et qui a pour titre :

DIEU, JEANNE D'ARC ET NAPOLÉON IV,
Vision prophétique de l'avenir.

Je tiens à votre disposition, Madame la Maréchale, deux exemplaires de cet ouvrage sur papier vélin.

Permettez-moi de vous demander un accusé de réception de la présente lettre, afin que j'aie la certitude qu'elle vous est réellement parvenue, et que j'ai rempli jusqu'au bout mon devoir de bon citoyen et de chrétien catholique.

Si des médecins athées prétendaient, selon leurs termes, que je suis atteint d'un *délire partiel*, je suis tout prêt à être confronté devant eux, et à leur prouver, par une discussion raisonnable et calme, toute ma sanité d'esprit.

Mon prétendu délire serait des plus singuliers et ne m'empêcherait : ni d'élever modestement et convenablement ma très nombreuse famille, *sans rien demander à qui que ce soit*, me gardant bien, comme certains pères d'un ou de deux enfants, de mendier à la ville et ailleurs des bourses et des trousseaux ; ni de gérer avec un plein succès, *sous la protection spéciale de Dieu et de Jeanne d'Arc*, mes affaires commerciales : à tel point que s'il plaisait à Dieu de m'enlever de ce monde, ma femme et mes sept enfants, malgré leur bon sens et leur intelligence, ne seraient pas capables, à eux tous, de me remplacer.

Et sur ce, Madame la Maréchale, que Dieu et Jeanne d'Arc vous inspirent de tenir compte du présent avertissement, et vous aient en leur sainte et digne garde, ainsi que votre Auguste Époux, miraculeusement préservé par eux lors de l'accident de Ville-d'Avray.

Votre très-respectueux et très-obéissant serviteur,

Fortuné ROUSTAN,

Libraire à Versailles, 100, rue de la Paroisse, père de sept enfants, et n'ayant, pour subvenir à tous leurs besoins, que les produits de son commerce.

———o———

Nota. — Pour mieux me conformer aux volontés de Dieu et de Jeanne d'Arc, mon intention était de faire charger à la Poste de Versailles leur présente dépêche, qui recevra une grande et rapide publicité.

Je m'abstiens de ce mode d'envoi, pour ne point paraître excentrique, et parce que je manque de temps pour remplir les formalités nécessaires.

Dernière observation. Le vendredi 15 Décembre 1876, la police républicaine de Versailles à fait examiner mon état mental par trois médecins, sous la présidence de M. le docteur Pénard. Après discussion contradictoire avec ces messieurs, j'ai été, à l'unanimité, déclaré sain d'esprit. D'où je tire la conséquence que Dieu et Jeanne D'Arc daignent me choisir pour leur obscur et indigne instrument, et m'ordonnent d'ajouter, en leur nom, que le Ministère de la libre pensée et de l'athéisme n'est pas né viable.

Le samedi soir, 23 Décembre 1876.

MÉMOIRE SUPPLÉMENTAIRE

PRÉSENTÉ

A MONSIEUR LE PRÉSIDENT ET A MESSIEURS LES JUGES

Composant le Tribunal correctionnel de Versailles.

I. — DÉLIT D'OUTRAGE QU'ON M'IMPUTE.

Le lundi 11 décembre 1876, j'offris 100 francs à M. le rédacteur en chef du *Figaro*, remplaçant M. de Villemessant, s'il consentait à publier ma lettre à Mme la Maréchale de Mac-Mahon[1]. Ou la somme offerte fut jugée insuffisante, ou bien l'article parut trop hardi; par suite, refus d'insertion. Je dis alors à M. le rédacteur en chef que j'allais, en réduisant mon article à sa partie essentielle, le faire insérer comme réclame par l'*Office de publicité Dollingen*, passage des Princes.

Au moment où je me disposais à payer le prix de

---

1. Cette lettre, imprimée par M. Parent, rue Monsieur-le-Prince, 29, sera jointe au présent mémoire qui en est le complément. M. ***, employé de la succursale des postes de l'avenue de Saint-Cloud, n° 40, à Versailles, a lui-même pesé l'original de la lettre, affranchi au moyen de deux timbres-poste de quinze centimes, et s'est assuré que l'affranchissement était suffisant.

cette réclame (environ 130 fr.), un ordre de la rédaction du *Figaro* vint provoquer un refus. Ne pouvant ainsi, même moyennant finances, obtenir une publicité quelconque, j'y suppléai, en résumant en ces termes, sous forme de *cri public*, ma lettre à Mme la duchesse de Magenta :

Vive le Maréchal de Mac-Mahon ! Vive le Sénat ! Vivent les députés conservateurs ! Dissolution ! Dissolution ! Dissolution ! A bas les radicaux ! Oui, dissolution de la Chambre des Députés pour cause d'impuissance !

Je proférai ces cris à Versailles, le mardi 12 décembre 1876, vers six heures du soir, dans la rue de la Bibliothèque, à la sortie de la Chambre des Députés, et en présence d'environ cent personnes.

Mon cri, n'étant que le résumé de ma lettre à Mme la Maréchale de Mac-Mahon, ne contient aucun outrage ni même aucune injure. Je demandais seulement que la partie mauvaise, la partie révolutionnaire et impie de la Chambre des Députés fût dissoute par les voies légales.

Pour ce simple fait, et indépendamment des poursuites à intervenir, j'ai subi quatre jours de *carcere duro*, de prison cellulaire dans la maison d'arrêt de la rue Saint-Pierre, à Versailles, et l'on m'a conduit *avec une menotte* devant M. le Juge d'instruction.

Or, je prouverai, devant les tribunaux, que je suis tout au plus coupable d'un cri public non séditieux, passible seulement des peines de simple police.

Versailles, le dimanche matin 4 décembre 1870.

II. — Dieu, Jeanne Darc et Napoléon IV.

Vision prophétique de l'avenir.

Mon ouvrage sur *Dieu, Jeanne Darc et Napoléon IV*, publié dès le mois de septembre 1876, contenait un passage supprimé malgré moi par mon censeur, et qui est imprimé sur des épreuves que je conserve.

Voici ce passage :

« En matière de gouvernement, il faut une extrême
» franchise. Dès lors nous ne voulons plus DU FAUX,
» car nous ne pouvons pas admettre qu'un ministre
» soit double. »

Cette allusion à la politique de bascule de l'ex-ministre Dufaure n'avait rien de blessant. Les événements survenus depuis m'ont donné pleinement raison ; et il est de mon devoir de faire connaître plus que jamais, *au nom de Dieu et de Jeanne Darc*, que la politique de la France doit être franche, loyale et publiquement avouée. Dieu et Jeanne Darc méprisent

et repoussent souverainement la fourberie et les ténèbres de la politique prussienne.

Si nous voulons dès lors avoir bientôt notre juste re-
vanche, gardons-nous bien d'imiter les crimes et les
fautes des barbares oppresseurs de l'Alsace et de la Lorraine. Ce sont deux provinces qu'ils ne conserveront
pas longtemps encore. Dieu et Jeanne Darc m'autori-
sent expressément à le dire et à le publier dans toute
l'Europe et dans le monde entier, et d'affirmer en
leur nom que cette prophétie se réalisera.

Versailles, le mardi 26 *décembre* 1876, *fête de
saint Étienne, premier martyr chrétien.*

III. — MA DURE DÉTENTION DE QUATRE JOURS ET DE
QUATRE NUITS DANS UNE PRISON SOUMISE AU RÉGIME
CELLULAIRE A-T-ELLE ÉTÉ LÉGALE?

Dans le fait, on m'a arrêté, le 12 décembre 1876,
en vertu de l'article 18 de la loi du 30 juin 1838,
comme soupçonné d'être dans un état d'aliénation
mentale compromettant l'ordre public.

Or, d'après l'article 24 de la même loi, les aliénés
de cette catégorie ne doivent jamais être déposés dans
une prison. C'est dans les hospices ou les hôpitaux
que de tels aliénés doivent être déposés provisoire-

ment, en attendant qu'ils soient conduits dans un asile.

Ce qui prouve d'ailleurs que l'on m'a réellement arrêté et détenu en vertu de la loi du 30 juin 1838 sur les Aliénés, c'est que, soumis, le 15 décembre 1876 au soir, à l'examen de trois médecins, et ces Messieurs m'ayant, à l'unanimité, déclaré sain d'esprit, on m'a relâché le 16 décembre 1876, dès que leur rapport a été transmis au parquet.

Si, au contraire, c'est comme coupable et sain d'esprit que l'on m'a arrêté, je ne comprends point comment on a pu maintenir mon arrestation, après que l'affaire a été instruite dans le poste de police de la mairie de Versailles, et par M. le commissaire de police central, assisté d'un autre commissaire de police qui me connaissait parfaitement.

J'étais porteur en espèces ou en valeurs pouvant être immédiatement réalisées en espèces, de près de huit mille francs. J'étais donc très-solvable et j'ai offert de fournir caution.

Je suis en outre marié et père de sept enfants, honorablement connu et libraire régulièrement établi à Versailles depuis plus de quinze ans.

Il est vrai que j'ai la tête parfois exaltée; cette exaltation est même pour moi la condition *sine quâ non* du peu de talent dont il a plu à Dieu de me gratifier.

En ma qualité de méridional, originairement venu de l'Orient et ayant du sang arabe ou persan dans les veines, j'ai donc le tempérament et même la figure de mes ancêtres Abraham, Isaac et Jacob; et, devant les hommes calmes, froids et impassibles de nos contrées, j'ai parfois tout le délire apparent et toute l'exaltation lucide du prophète et de l'inspiré, état pathologique et surnaturel, que des médecins athées ou matérialistes confondent bien à tort avec le délire et l'incohérence des véritables fous.

Pour un prétendu délit que, devant tout juge équitable et en faisant ressortir toute l'illégalité commise envers moi, je ferai réduire à néant ma dure détention de quatre jours et de quatre nuits, comprenant chacune quinze heures de chevalet; ma cruelle détention dans une maison d'arrêt soumise à toutes les rigueurs du régime cellulaire et servant en outre de prison, a quelque chose de monstrueusement illégal; et, dans l'intérêt d'autres innocents, que de misérables passions politiques pourraient faire maltraiter à ce point, il est de mon devoir de faire appel à tout lecteur honnête et de faire éclater en plein jour l'occulte scandale de pareilles iniquités.

Et comme preuve encore de l'illégalité commise à mon égard, je ferai remarquer qu'avant, comme pendant ma détention, il ne m'a été signifié aucune espèce d'acte de procédure. Cependant l'article 97 du Code d'instruction criminelle dit expressément :

» Les mandats de comparution, d'amener, de dépôt
» ou d'arrêt seront notifiés par un huissier ou par
» un agent de la force publique, lequel en fera l'ex-
» hibition au prévenu et lui en donnera copie. — *Le*
» *mandat d'arrêt sera exhibé au prévenu lors même*
» *qu'il serait déjà détenu et il lui en sera délivré*
» *copie.* »

Le fin mot de tout cela, c'est que je suis un *bonapartiste* honnête et convaincu, et la police de M. Jules Simon-Suisse espérait étouffer mes cris en me faisant passer pour fou. Il est bien certain, en effet, que si je n'avais pas eu affaire à des juges et à des médecins intègres, je serais arraché en ce moment à mon commerce qui prospère, à ma femme et à mes sept enfants, et enfermé, comme l'infortuné Sandon, et *tant que les radicaux seraient au pouvoir*, dans une maison d'aliénés.

IV. — Extrait d'une nouvelle lettre, chargée a la poste de Paris, le jeudi 28 décembre 1876, et adressée en deux exemplaires : l'un pour M. le Maréchal de Mac-Mahon, l'autre pour Mme la duchesse de Magenta.

Aujourd'hui, mercredi 27 décembre 1876, fête de saint Jean l'Évangéliste, il ne m'a pas encore été accusé réception de ma lettre.

J'ai donc l'honneur d'insister pour obtenir cet accusé de réception; et je fais décidément charger ma lettre, pour qu'elle arrive à destination, ou que l'on sache par qui elle a été retenue.

Sous le règne de Sa Majesté Napoléon III, d'heureuse mémoire, bien qu'indignement calomnié, on m'a toujours accusé réception de mes lettres, et même l'on m'a accordé des audiences.

Les employés du gouvernement républicain devraient avoir la même politesse.

Typographie Lahure, rue de Fleurus, 9, à Paris.

Paris, le mercredi 10 *janvier* 1877.

Monsieur le Président,

Au nom de Dieu, auteur de toute Justice (Dieu père, fils, Saint-Esprit, dans le sens de l'Église catholique), de la très-sainte Vierge, Mère de Dieu, spécialement invoquée sous le vocable de Notre-Dame de la Salette, et de Jeanne Darc, inspirée de Dieu et protectrice particulière de la France, il est de mon devoir de vous prévenir que je ne me présenterai pas à l'audience de demain, jeudi, 11 janvier courant.

Vous allez donc me juger par défaut, à moins que vous ne trouviez opportun de renvoyer l'affaire à quinzaine, ainsi que j'ai eu l'honneur de vous le demander précédemment, afin que le Sénat, à qui j'ai porté plainte, ait le temps d'intervenir en ma faveur; car la commission des Pétitions de ce *Premier Pouvoir* de l'État ne doit se réunir que demain.

Lors même que vous renverriez l'affaire à huitaine ou à quinzaine, je ne me présenterai pas davantage: Mes trois protecteurs invisibles le veulent ainsi, et ils m'ordonnent expressément de me borner à vous distribuer les quatre pièces imprimées ci-jointes, lesquelles seront en outre répandues dans le public.

Le jugement que vous rendrez hors de ma présence et au vu de ces pièces, sera définitif. S'il m'est signifié, je n'y formerai pas opposition devant vous, et je n'en appellerais qu'autant qu'il ne me paraîtrait pas équitable.

Mes trois protecteurs invisibles désireraient (sans prétendre néanmoins vous priver, en quoi que ce soit, de votre liberté totale) que le jugement ne soit rendu, au plus tôt, que huit jours après la réception des pièces imprimées contenant une partie seulement de mes moyens de défense.

Mes protecteurs invisibles m'engagent à vous prier très-respectueusement de ne point prendre en mauvaise part ces justes observations, et à ne pas qualifier d'insolences les actes et les paroles d'un prévenu innocent et nullement dangereux, et qui dès lors et à votre égard se considère comme tout à fait indépendant.

Et vous ferez, Messieurs, bonne et prompte justice!

COMPLÉMENT DE LA PIÈCE DE VERS INTITULÉE :

Les Souffrances d'un Prévenu bonapartiste[1].

Pour ne pas entasser d'ordure,
Il faut avaler son crachat,
Ou se servir, par aventure,
De certain coffre à chocolat.

Alors, du fond de la caverne,
Monte un parfum âcre et puant,
Intolérable, suffocant,
Comme ceux du lac de l'Averne.

---

1. Les huit vers qui suivent doivent être mis après celui-ci :

De pain je m'applique un croûton.

Typographie Lahure, rue de Fleurus, 9, à Paris.

TROISIÈME MÉMOIRE

PRÉSENTÉ

A M. LE PRÉSIDENT

ET A MM. LES JUGES DU TRIBUNAL CORRECTIONNEL

DE VERSAILLES

RÉPONSE A UNE ASSIGNATION CORRECTIONNELLE

Le dimanche 7 janvier 1877, à Versailles, tout près du Pavillon Barascud, vers deux heures et un quart, je m'installe avec aisance dans une chaise d'honneur bien rembourrée et je dépose à côté, sur une autre chaise en paille, un portefeuille avec fermoir d'argent et aux armes, contenant environ cinquante mille francs de valeurs financières.

La musique militaire faisait entendre une délicieuse mélodie pleine de sentiment. J'attends paisiblement la fin du morceau, et fais ensuite moi-même en ces termes une musique politique, sous forme de lecture à haute et intelligible voix et en restant toujours assis.

Vive la République conservatrice !

A bas, par la voie légale de la dissolution, les tristes gens du Quatre-Septembre, partisans des enterrements civils.

Au nom de Dieu tout-puissant et éternel, malédiction, malédiction, malédiction sur eux !

Messieurs,

J'ai reçu l'assignation que voici à l'effet de comparaître, le jeudi 11 janvier courant, devant le tribunal correctionnel de Versailles, pour avoir, à la sortie de la Chambre des Députés, le 12 décembre 1876, vers six heures du soir, proféré les cris suivants :

Vive le Maréchal de Mac-Mahon ! Vive le Sénat ! Vivent les Députés conservateurs, et à bas, par voie de dissolution légale, les radicaux, ennemis de la religion et propagateurs des doctrines athées et révolutionnaires !

Voici ma réponse à cette assignation : elle est détaillée dans les quatre pièces imprimées que je représente, et que je vais vous lire.

Il s'est aussitôt formé autour de moi un groupe nombreux et bienveillant; et j'ai lu avec énergie et sans être interrompu, mais avec calme et en observant les convenances, les deux premières pièces, les mêmes qui sont contenues dans le présent mémoire.

La musique militaire ayant repris ses aimables et douces symphonies, je me suis tu.

Alors seulement un agent de police, petit de taille et replet, et à bonne et excellente figure, est venu très-poliment me prier de vouloir bien le suivre. Je lui ai répondu avec le plus grand calme et avec la même politesse qu'il m'était impossible de satisfaire à ses désirs, et que je ne céderais qu'à la force. J'avais presque envie d'ajouter, par une réminiscence de Mirabeau : Je suis ici par la toute-puissance de Dieu et je n'obéirai qu'à Dieu!

Le doux agent de police m'a fait alors observer avec beaucoup de raison que je provoquais un rassemblement, et que je ne pouvais rester là. Je lui ai répondu, sans m'émouvoir, que j'étais tout disposé à partir volontairement pour aller faire mes dévotions dans l'Église Notre-Dame, s'il me donnait publiquement sa parole d'honneur de ne point m'arrêter : ce qu'il a fait en présence de nombreux témoins; et je me suis éclipsé paisiblement et sans bruit.

J'ai ainsi prouvé à la police, comme je l'ai déjà dit quelque part, que je cède très-volontiers à la douceur, mais que je résiste énergiquement à la violence.

Cet aimable et honnête agent de police a fait preuve de beaucoup de tact et d'adresse, et mérite de l'avancement. Il a certainement empêché un grand scandale. Je prends note de ses bons services; et quand je serai le Mameluck d'une future et jeune Majesté, je lui ferai donner un avancement très-convenable.

MA RÉPONSE A CEUX QUI M'OPPOSENT MA CONDAMNATION, EN 1858,
A TROIS MOIS DE PRISON POUR DÉLIT DE PRESSE

Ministère public durement accusateur, l'arrêt rendu par défaut, dont la signification ne m'est jamais parvenue et qui m'a condamné injustement à trois mois de prison que j'ai volontairement subis, serait-il devenu dix millions de fois définitif et aurait-il acquis dix millions de fois l'autorité de la chose jugée, que mon honneur de réformateur énergique, d'écrivain indépendant et consciencieux, et de père d'une nombreuse et très-honorable famille, serait cent millions de fois intact!

Oui, à une dure accusation de la force de dix millions, je réponds par une énergique affirmation d'honneur de la force de cent millions!

I

Versailles, le samedi 30 décembre 1876.

A Monsieur le Substitut du Procureur de la République de Versailles qui m'a interdit de me représenter au Parquet.

MONSIEUR LE SUBSTITUT,

Je regrette beaucoup que certaines paroles de moi, que je vais transcrire, aient été mal interprétées et, par suite, prises en fort mauvaise part.

J'ai eu l'honneur de vous dire que la démarche que je faisais était en faveur du Parquet bien plus qu'en ma faveur.

En effet, devant tout tribunal équitable, il me sera facile de prouver que je n'ai poussé qu'un cri public, non séditieux, passible de onze francs d'amende et de cinq jours au plus d'emprisonnement.

Pour un délit aussi mince, il n'était pas nécessaire, surtout après mon interrogatoire devant M. le commissaire de police central, de continuer à me détenir et de m'envoyer dans une prison. J'étais solvable, porteur sur moi de près de 8,000 fr., honorablement connu, marié, père de sept enfants, et libraire régulièrement établi. Je ne pouvais donc pas disparaître, et on n'avait pas le droit de me tenir enfermé du moment où j'offrais, en outre, de fournir caution.

D'une autre part, il est positif qu'on m'a soupçonné d'être atteint d'une monomanie religieuse me poussant à proférer des cris de nature à troubler l'ordre public.

Arrêté pour ce motif, on devait me déposer dans un hospice et non me faire passer par toutes les horreurs, toutes les souffrances et toutes les insomnies continuelles et prolongées du dur régime cellulaire. Ici, la violation de la loi de 1838, sur les aliénés, est flagrante. Je le prouverai en temps et lieu; et, si l'on me fait subir un jugement, je me verrai dans la pénible nécessité de faire ressortir publiquement, et par la voie de la presse, tout ce qu'il y a eu d'illégal et même d'odieux dans les procédés de la police radicale de M. Jules Simon, ministre de l'intérieur et président du conseil des ministres.

Il est évident que mon procès, si on le poursuit, aura un grand retentissement.

L'Évangile nous dit : « Il est nécessaire qu'il arrive des scandales; mais malheur à celui par qui le scandale arrive! »

C'est ce malheur que je voudrais conjurer en priant respectueusement le Parquet d'abandonner un prétendu délit d'outrage qui se réduit à une affaire de simple police. N'est-il pas plus qu'évident que, par ma dure détention de quatre jours et de quatre nuits d'un cruel régime cellulaire subi dans toute sa rigueur, par les transes continuelles et douloureuses données à ma femme et à mes sept enfants, et par l'énorme préjudice moral et matériel qu'on m'a porté, en me faisant conduire publiquement, et en plein jour, par un gendarme et avec une menotte; n'est-il pas plus qu'évident que ma contravention de simple police, si contravention il y a, est plus qu'expiée, et qu'il serait contraire à toute justice et à toute humanité, aussi bien qu'à la maxime *non bis in idem*, ou à celle *summum jus, summa injuria*, d'y donner la moindre suite?

Monsieur le Substitut, vous êtes un magistrat d'avenir; votre figure est noble, vos manières distinguées. Je ne doute pas que votre cœur ne soit excellent. Je fais donc appel à tous vos sentiments les plus délicats, et vous prie respectueusement, au nom de Dieu (Père, Fils et Saint-Esprit, dans le sens de l'Église catholique), et de Jeanne Darc, inspirée de Dieu et protectrice de la France[1], de vouloir bien abandonner les poursuites de la manière la plus absolue. Et ce sera justice!

Quant à mes antécédents judiciaires, j'affirme sur mon honneur que ma condamnation à trois mois de prison a eu pour objet un délit de presse (publication d'un ouvrage ayant pour titre : *Des Réformes urgentes à opérer dans l'administration de l'enregistrement et des domaines*).

L'arrêt du 22 janvier 1858 a été rendu, par défaut, pen-

---

1. Croyant de bonne foi, pour les *cris publics* que j'ai poussés, avoir agi dans l'intérêt de la France en donnant au Chef du Pouvoir un avertissement solennel, et considérant aussi Jeanne Darc comme une grande sainte, protectrice spéciale de la France, j'ai demandé justice au nom de Dieu, auteur de toute justice, et de Jeanne Darc, protectrice de la France et ma protectrice particulière.

Je ne vois là-dessous aucune tocade.

Néanmoins, un prêtre et un religieux, que j'ai consultés, ont été unanimes pour m'engager à supprimer ce passage.

Voici ce que je leur réponds, en maintenant l'intégralité de mon texte :

Prêtres et religieux taciturnes et timorés, vous cédez vous-mêmes à la fausse prudence du siècle, vous reniez indirectement Dieu et ses saints en n'osant point les affirmer en public, et vous baissez tristement pavillon devant l'incrédulité et l'athéisme modernes qui, eux, ne rougissent pas de s'afficher publiquement.

Or, depuis quand la lumière doit-elle s'effacer devant les ténèbres ?

dant que j'habitais Bruxelles; et la signification qui en fut probablement faite à mon dernier domicile en France, à Montmartre, rue Biron, 4, ne m'est jamais parvenue. Il est évident que si l'arrêt avait été contradictoire, la peine eût été moindre. D'ailleurs, la plainte en diffamation d'une administration publique n'avait pas été, aux termes de l'article 4 de la loi du 26 Mai 1819, précédée d'une délibération du conseil d'administration autorisant les poursuites. Cette plainte était donc nulle; mais je n'eus connaissance de ce fait qu'en 1864. C'était trop tard.

Quant à ma seconde condamnation correctionnelle (15 jours d'emprisonnement pour avoir apposé des affiches manuscrites avec cette mention : Vive l'Empereur et à bas les lois de sûreté générale!), Sa Majesté l'impératrice Eugénie m'en fit grâce. Une brochure imprimée, jointe à mon dossier, relate les faits et en explique les causes.

Si j'avais eu le malheur, Monsieur le Substitut, ce que je ne crois pas, de manquer au respect que je dois à vous et à la justice, je vous serais obligé de vouloir bien agréer mes très-humbles excuses.

Et maintenant que je me suis expliqué très-clairement et très-honnêtement, mais avec la plus complète indépendance, que la très-sainte volonté de Dieu s'accomplisse!

Daignez agréer, Monsieur le Substitut, l'hommage de mon sincère respect!

II

UNE LETTRE IMAGINAIRE

Paris, le vendredi 29 décembre 1876.

A Monsieur .... juge d'instruction à ....

MONSIEUR LE JUGE D'INSTRUCTION,

Mes affaires commerciales de fin d'année ne me permettent pas de déférer à votre invitation légale. D'ailleurs les trois pièces imprimées ci-jointes doivent vous prouver autant ma complète innocence que l'illégalité de la dure incarcération qu'on m'a fait subir injustement.

Les bas agents de police qui servent de témoins, et qui m'ont arrêté et maintenu de la manière la plus brutale, sont trop grossiers et trop mal élevés pour que je m'abaisse volontairement à être confronté avec eux. Pendant près de trois heures que j'ai été en leur pouvoir, ils n'ont voulu ni me laisser satisfaire à un pressant besoin naturel, ni me laisser acheter ou me faire acheter chez un pâtissier deux ou trois brioches, attendu qu'ils m'avaient arrêté presque à jeun[1].

Dans ma famille, Monsieur le Juge d'instruction, nous péchons par la vessie et non par la tête. Si dès lors une autre fois il faisait nuit comme lorsque je formulai mon désir, et que je pusse opérer ainsi sans indécence, je p...... sans ménagement, si l'on m'empêchait de nouveau de satisfaire à un pressant besoin naturel, dussé-je éclabousser

---

1 A raison de ce fait et pendant la première nuit de mon injuste détention, le mauvais pain qu'on m'avait donné étant d'ailleurs immangeable, j'ai passé par toutes les atroces souffrances de l'insomnie et de la faim et par toutes les angoisses ordinaires du prisonnier mis au secret.

mes bourreaux; car, à tout prendre, il vaut bien mieux p.... sur un bas agent de police peu complaisant, que de contracter le germe terrible et dangereux d'une maladie de vessie.

Je parle très-sérieusement, Monsieur le Juge d'instruction; car mon pauvre et infortuné père, même avant d'avoir mon âge, a été un vrai martyr de la douleur, et a souffert longtemps et horriblement d'une rétention d'urine qui a fini par le mettre au tombeau à l'âge de 64 ans.

Ce souvenir seul m'oblige à veiller avec soin sur ma vessie, et à ne point la fatiguer par une rétention d'urine.

En résumé, Monsieur le Juge d'instruction, ma confrontation est inutile et vous pouvez passer outre.

Je m'expliquerai devant le tribunal, si l'affaire n'est pas abandonnée.

J'ai eu dans le temps maille à partir avec la police impériale. Je puis affirmer, sur mon honneur et après expérience faite, que ses agents n'ont jamais eu les procédés grossiers et tracassiers de la police radicale de M. Jules Simon-Suisse.

III

MOTIFS RÉELS DE MES ACTES POLITICO-RELIGIEUX

Athées de bonne foi (si néanmoins il en existe), libres ou tristes penseurs, incrédules et matérialistes, quand même vous ne considéreriez Notre-Seigneur Jésus-Christ que comme un simple mortel, comme un noble martyr, victime de son amour pour l'humanité, et même, selon l'expression triviale et républicaine de Camille Desmoulins, que comme le premier sans-culotte du monde; invoquez-le de bonne foi et dites-lui avec respect :

« Noble et généreux martyr, nous te considérons comme

« un homme, mais comme un homme supérieur, animé des
« meilleures intentions, et qui nous a aimés jusqu'à verser
« ton sang pour nous.

« Si tu es bien plus encore : s'il est vrai que tu sois
« réellement Dieu et que, dans l'excès de ton amour pour
« nous, tu sois descendu des splendeurs divines pour
« t'emprisonner volontairement, comme un simple mortel,
« dans le chaste sein d'une Vierge (*non horruisti virginis*
« *uterum*); ô Jésus, s'il est vrai que tu sois réellement
« Dieu et homme, Dieu pour nous sanctifier, homme pour
« avoir pitié de nous et pour participer à toutes nos mi-
« sères, moins le péché; oh! daigne me le faire connaître,
« et alors, au lieu de t'honorer comme un mortel et comme
« un martyr digne d'un meilleur sort, je t'adorerai comme
« Dieu ! »

Eh bien ! Messieurs les républicains et les révolutionnaires, j'étais révolutionnaire et républicain comme vous ;
j'étais matérialiste comme vous, libre penseur comme vous,
impie et débauché comme vous! La lecture d'un passage de
l'odieux livre de Renan, dans lequel cet ignoble blasphémateur osait affirmer, dans les profondeurs de son inepte
orgueil et avec la dernière des suffisances, que si Jésus-
Christ paraissait de nos jours, les tribunaux correctionnels
seuls l'empêcheraient de propager sa doctrine ; cet odieux
blasphème souleva d'indignation mon cœur d'honnête
homme, bien que je ne visse depuis longtemps dans Notre-
Seigneur Jésus-Christ qu'un simple mortel et un généreux
martyr. Sous l'empire de cette légitime indignation, j'adressai à Dieu et à Notre-Seigneur Jésus-Christ la prière que
je viens de transcrire, et j'ajoutai :

Mon Dieu! daignez me convertir et faites plus encore :
faites un saint de la plus impure des créatures humaines.
Que je puisse même en votre nom et pour bien établir
que votre doctrine n'a rien à craindre des tribunaux,

résister énergiquement et impunément à tous les pouvoirs humains.

Dieu a daigné exaucer mes vœux. Il m'a d'abord éclairé et converti.

Ensuite et en son nom, j'ai impunément bravé le Gouvernement impérial dans toute la force de son despotisme.

J'ai encore bravé impunément la Chambre des représentants belges, parce que le parti radical de cette Chambre repoussait, en matière de mendicité, un amendement conforme aux lois de l'éternelle justice[1]; et parce qu'un député du même parti, oublieux de son origine, M. Bara, devenu plus tard Ministre, un parvenu qui, dans son jeune âge, avait lui-même mangé le pain et reçu l'instruction de la charité publique, montrant à ses confrères une de mes brochures qu'il m'avait achetée par commisération, m'avait publiquement insulté en me qualifiant de *mendiant en habit noir*[2].

J'ai bravé deux fois de suite, et tout récemment, avec la dernière des audaces, le second Pouvoir du pays, une Chambre toute-puissante aux yeux des hommes, très-faible et très-petite devant Dieu, une Chambre qui sera dissoute, parce qu'elle a des tendances impies et révolutionnaires.

J'ai encore résisté légalement à tout le Parquet de Versailles, témoin l'incident Barascud, et ne me suis jamais sérieusement préoccupé de toutes les menaces

---

1. Le parti clérical, s'appuyant avec raison sur ces paroles de l'Évangile: « *Demandez et vous recevrez, cherchez et vous trouverez, frappez et il vous sera ouvert*, proposait d'absoudre toute personne qui justifierait n'avoir mendié que dans le cas d'une nécessité absolu.

2. J'avais répondu à cette publique provocation par ces mots non moins publics : *En ma qualité de mendiant en habit noir, je vote pour l'amendement!*

M. Bura ignorait probablement que je me trouvais dans les tribunes publiques.

qu'on a pu me faire, soutenu que j'étais par ma conscience et mon bon droit.

Et attendu que, dans toutes ces circonstances, j'ai réellement agi au nom de Notre-Seigneur Jésus-Christ, et comme preuve qu'étant vrai Dieu et vrai homme, il n'a rien à craindre des pouvoirs humains, je défie tout tribunal équitable de m'infliger une punition réellement méritée; car c'est Notre-Seigneur Jésus-Christ lui-même qui a disposé les événements de telle manière que les torts fussent imputables plutôt à l'autorité qu'à moi-même.

Je m'étais mis, en outre, sous la protection spéciale de Notre-Dame de la Salette, en la priant avec ferveur et conviction, et en faisant, à cet effet, brûler plusieurs fois des cierges en son honneur et aux pieds de sa statue, dans l'Église Notre-Dame de Versailles.

J'avais demandé avec amour et avec respect à la très-sainte Vierge, sous le vocable de Notre-Dame de la Salette, de vouloir bien me prendre, elle et son divin Fils, sous leur protection et d'arranger les choses de manière que, dans les manifestations publiques que je ferais en leur nom, je ne pusse violer sérieusement aucune loi humaine : ce qui s'est pleinement réalisé, ainsi qu'on l'a vu dans une des pièces qui précèdent celle-ci.

M. le commissaire de police central s'est moqué de moi à cause de mes sentiments religieux et de mon culte d'amour et de respect envers Notre-Dame de la Salette. Je préviens M. le commissaire de police central que cette triste moquerie lui portera malheur et qu'il sera puni, tant à cause de son impiété que des abus de pouvoir dont il s'est rendu coupable envers moi et dont j'ai fourni la preuve dans un autre Mémoire.

Un honorable magistrat mûr pour la retraite, M. le juge d'instruction Lambinet, vénérable vieillard à cheveux blancs et à barbe et favoris de neige, sans se moquer de mes sentiments religieux, a vu une preuve de folie dans mon culte de respectueux amour et de confiance filiale envers Notre-Dame de la Salette.

M. le juge d'instruction m'a ainsi considéré comme un monomane religieux troublant par ses cris l'ordre public, et m'a lui-même et dans son cabinet qualifié de fou. C'est donc en violation formelle de l'article 24 de la loi du 30 juin 1838 sur les aliénés, que M. le juge d'instruction a continué à me détenir, non pas dans un hospice, comme l'exige la loi, mais dans une prison soumise à toutes les rigueurs du système cellulaire et dans laquelle on m'a fait coucher, pendant quatre nuits de seize heures chacune, sur un lit précédemment occupé par le sieur Petit (Marcelin), de la Villette, condamné à dix ans de travaux forcés, ainsi que l'indique une inscription gravée sur les murs de la cellule (n° 46 du 3e étage).

On voit donc que si, de mon côté, par des cris publics non séditieux, j'ai commis une simple contravention de police passible d'une faible amende de onze francs et d'un emprisonnement de cinq jours au plus qui, à raison des circonstances atténuantes, ne serait jamais prononcé contre moi, l'autorité a commis à mon égard une bien plus grande illégalité en me faisant enfermer avec des criminels, et en me faisant conduire, en plein jour, devant le juge d'instruction et ramener dans ma cellule par un gendarme me tenant la main gauche avec une menotte. Dans cet état, moi, libraire établi à Versailles depuis 15 ans, honorablement connu, marié et père de sept enfants (mon fils aîné est maréchal des logis au 22ᵉ d'artillerie à Versailles[1]), j'ai été rencontré par plusieurs personnes de ma connaissance[2].

Je demande dès lors justice contre cet attentat à ma liberté et à mon honorabilité.

Il n'y a que de misérables passions politiques qui aient pu faire violer la loi à ce point par les tristes gens du 4 septembre.

Je suis un honnête père de famille, un bonapartiste bien connu, resté fidèle au malheur, et qui repousse de toute l'énergie de ses convictions les perpétuelles et impuissantes calomnies des pères de l'horrible Commune de 1871, lesquels voudraient derechef arriver au Pouvoir.

Je ne méritais donc pas d'être traité comme un malfaiteur, et je demanderai justice, par toutes les voies honnêtes et légales, jusqu'à ce qu'elle me soit rendue!

Ma cruelle et inique détention de quatre jours et de quatre nuits d'un dur régime cellulaire n'est rien en comparaison des suites déplorables qu'elle vient d'amener.

En outre d'un fort rhume et d'une maladie hémorroïdale résultant de l'odieux traitement et des pénibles émotions que j'ai subis, maintenant, dans mon intérieur, je n'ai plus ni calme ni paix. Notre vie de famille est réellement empoisonnée.

Qu'un agent de police se présente dans mon magasin pour acheter quelque chose, on croit aussitôt qu'il vient pour m'arrêter.

Qu'une importante affaire de librairie me retienne quelques heures de plus à Paris ou à Versailles, ma femme et

---

1. On insulte mon fils aîné en lui criant que son père a été conduit en menotte par les gendarmes et arrêté par les *sergots* (sergents de ville).

2. Notamment par M. Rameau, député, et par plusieurs de ses amis, au moment où je montais l'escalier du Tribunal pour me rendre dans le cabinet de M. le Juge d'instruction Lambinet.

mes pauvres enfants sont dans les transes les plus cruelles et s'imaginent qu'on vient encore de m'incarcérer ; car la police ne cesse de me faire des menaces et de dire à ma femme de bien m'avertir et de me surveiller ; qu'à la moindre manifestation bonapartiste que je ferais encore, je serais traité avec la dernière rigueur.

Depuis lors ma pauvre femme et mes malheureux enfants, qui n'ont pas ma force de caractère, ne cessent de trembler et de pleurer, et n'ont de repos ni nuit ni jour. La nuit ils ont le cauchemar et ils rêvent qu'on me maltraite et qu'on m'emprisonne.

Et il ne me sera pas permis de me plaindre !

Ah ! pleure, pleure, jeune fille,
Ton pauvre père est arrêté !
Malgré sa nombreuse famille,
Sous les verrous il est resté.

Mon Dieu, quelle horrible souffrance !
Deux jours et deux nuits au secret ! (1)
Après quatre nuits, l'espérance
Sur mon dur grabat reparaît.

Oui, la douceur est ma seule arme.
On m'interroge durement.
Avec sa menotte un gendarme
Vient me prendre brutalement.

Je n'ai commis délit ni crime
Et suis très-fidèle au malheur.
Je deviens ainsi la victime
Des nobles élans de mon cœur.

---

1. Pendant les deux premiers jours de ma cruelle et inique détention, je n'ai pu communiquer avec personne, pas même avec ma femme ou avec mon avocat.

Nous vous reverrons, jeune Prince,
La France soupire après vous.
De l'exil quittez la province
Et comblez nos vœux les plus doux !

———————

IV

PREUVES DÉFINITIVES DE MON INNOCENCE

Versailles, Maison d'Arrêt de la rue St-Pierre, 15 décembre 1876.

Monsieur le Juge d'instruction,

Je n'ai pas signé votre procès-verbal parce que, très-fatigué et n'ayant pas fermé l'œil de toute la nuit, je craignais que ma mémoire ne me fît défaut : c'est ce qui est arrivé. Voici, sauf les répétitions réitérées du même cri, l'ordre dans lequel ces cris ont été proférés.

I

1ᵉʳ Groupe. — *Parti conservateur*

Vive le Maréchal de Mac-Mahon ;
Vive le Sénat ;
Vivent les Députés conservateurs !

II

2ᵉ Groupe. — *Parti radical*

Dissolution ! Dissolution ! Dissolution ! A bas les Radicaux ! Même les Députés radicaux ! Dissolution par les voies pacifiques et légales.

Oui,

Dissolution de la Chambre des Députés, pour cause d'impiété et d'impuissance !

———————

Mon cri : *Dissolution !* — *A bas les Radicaux !* est connexe et signifie évidemment : *A bas les Radicaux* par la voie de la dissolution légale !

Or, ce cri est correct et n'est ni injurieux, ni outrageant, *vive* et *à bas* étant les deux termes politiques de l'affirmation et de la négation, et n'impliquant en eux-mêmes rien de délictueux.

Quant au fait d'avoir fait brûler un cierge d'un franc devant la statue de Notre-Dame de la Salette, pour invoquer spécialement sa haute protection, c'est un acte de vraie et solide piété autorisé et expressément recommandé par notre très-saint Père le Pape, commun à bien des fidèles, et qui ne saurait constituer un acte de bigotisme ou de folie. Je prétends même que Notre-Dame de la Salette m'a pleinement exaucé, et je le prouverai quand on me livrera à des juges indépendants, et non à des agents de police, ministres trop souvent de l'arbitraire et de l'iniquité !

En résumé, les cris que j'ai proférés sont des cris publics, mais qui n'ont rien de séditieux ; et je ne comprends point que, pour une aussi mince peccadille, on ait le droit de me retenir indéfiniment ici et de continuer à m'arracher à mon commerce, à ma femme et à mes enfants.

Monsieur Lambinet, vous êtes un très-habile juge d'instruction ; mais permettez-moi de vous dire que vous êtes un fort mauvais théologien !

Votre très-respectueux prisonnier.

NOTA. — Au vu de cette lettre, M. le Juge d'instruction m'a fait mettre en liberté.

Par le même motif, le Tribunal de Versailles aurait dû prononcer mon acquittement le plus complet.

Il m'a néanmoins condamné par défaut le jeudi 11 janvier 1877, à 16 francs d'amende et à quinze jours de prison. Pour un jugement rendu hors de ma présence, la condamnation est modérée, et il ne me sera pas difficile de convaincre la Cour d'appel qu'elle ne repose que sur un faux témoignage.

Typographie Lahure, rue de Fleurus 9, Paris.

RÉSUMÉ DE LA QUESTION D'ORIENT

TRÈS-PROCHAINEMENT

CONFLAGRATION GÉNÉRALE DE L'EUROPE
UNE GRANDE GUERRE EST INÉVITABLE

AU NOM DE DIEU TOUT-PUISSANT ET ÉTERNEL

ALLIANCE MORALE
DE LA FRANCE ET DE LA RUSSIE

VIVE LE MARÉCHAL DE MAC-MAHON!
VIVE LE SÉNAT!

DISSOLUTION LÉGALE DE LA CHAMBRE DES DÉPUTÉS

POUR CAUSE D'IMPIÉTÉ ET D'IMPUISSANCE

Dimanche, 15 avril 1877, après avoir communié et après
avoir invoqué les lumières de l'Esprit-Saint.

Tant pis pour ceux qui prendront le présent et très-sérieux
manifeste pour une plaisanterie politique, ou pour un Poisson
D'AVRIL trop dur à avaler :

Durus est hic sermo.

J'ai mission pour affirmer énergiquement et *même ex-centriquement* le surnaturel, mais non pas pour y faire croire.

Oui, tant pis pour les cœurs malveillants et endurcis, ou pour les libres ou tristes penseurs gangrenés par le matérialisme !

On ressusciterait devant eux un véritable mort, qu'ils trouveraient encore le moyen de prouver, tant bien que mal, que l'événement a eu lieu en vertu de lois naturelles inconnues, et ne constitue pas un miracle.

Depuis bientôt un an, et *comme prophète inspiré et soutenu par Dieu, Notre-Dame de la Salette et Jeanne Darc,* j'ai prédit *une grande guerre:* je la prédis plus que jamais.

Versailles, le dimanche 15 avril 1877.

NOTA. — Prière à la police ou à toute autre personne compétente et de bonne volonté, de mettre le présent manifeste sous les yeux du chef de l'État.

Typographie Lahure, rue de Fleurus, 9, à Paris.

REVANCHE TRÈS-PROCHAINE
DES DÉSASTRES DE 1870

ALSACE! ALSACE! ALSACE!

LORRAINE! LORRAINE! LORRAINE!

VOUS NE TARDEREZ PAS D'ÊTRE A NOUS!

AU NOM DE DIEU, DE NOTRE-DAME DE LA SALETTE
ET DE JEANNE DARC,

MALÉDICTION,

MALÉDICTION,

MALÉDICTION,

OUI, ET COMME PROPHÈTE CATHOLIQUE, RÉELLEMENT INSPIRÉ,

MALÉDICTION

SUR LE COLOSSE AUX PIEDS D'ARGILE

SUR L'ALLEMAGNE ET SUR BISMARCK!

De même qu'en 1870 Dieu s'est servi de Bismarck et de la Prusse pour châtier un Empereur et une France coupables ;

De même il va bientôt se servir de la Russie, de la France et de l'Autriche, pour châtier l'insolence et l'impiété du présomptueux et coupable   , le   du diable, dont il a les oreilles, la figure et les principes.

Comme conséquence de ce châtiment mérité, *dû à la*

(8)

puissante intercession de JEANNE DARC, et comme preuve que celle-ci est réellement une très-grande sainte dans le ciel, *la France ne tardera pas à recouvrer l'Alsace et la Lorraine, par les voies diplomatiques et sans nouvelle effusion de sang pour ces provinces.*

Mais il faut, ET CECI EST DE RIGUEUR, que l'armée française, alliée d'abord à la Russie et ensuite à l'Autriche, *et d'un commun accord avec ces deux puissances, se mette sous la protection spéciale de Dieu et de Jeanne Darc, en les invoquant, sur le champ de bataille, respectueusement et avec foi et piété.*

Versailles, le jeudi 19 avril 1877, après avoir invoqué les lumières de l'Esprit-Saint, en récitant avec ferveur et componction le *Veni Creator.*

Le Mamelouck,

ROUSTAN.

POST-SCRIPTUM

Comme conséquence encore de cette guerre générale, A BAS LE MIRMIDON , SACRILÉGE

Les journalistes, par dérision, m'ont appelé le *Mamelouck* ROUSTAN. A titre de protestation et de représailles, je signe de ce nom mes articles les plus sérieux, surtout quand je parle comme prophète, réellement inspiré et soutenu par Dieu, Notre-Dame de la Salette et Jeanne Darc.

———————

NOTA. Prière à la police ou à toute autre personne compétente de mettre le présent manifeste sous les yeux du Chef de l'État.

Typographie Lahure, rue de Fleurus 9, à Paris.

TROISIÈME MÉMOIRE

PRÉSENTÉ

A M. LE PRÉSIDENT

ET A MM. LES JUGES DU TRIBUNAL CORRECTIONNEL

DE VERSAILLES

RÉPONSE A UNE ASSIGNATION CORRECTIONNELLE

Le dimanche 7 janvier 1877, à Versailles, tout près du Pavillon Barascud, vers deux heures et un quart, je m'installe avec aisance dans une chaise d'honneur et bien rembourrée et je dépose à côté, sur une autre chaise en paille, un portefeuille avec fermoir d'argent et aux armes, contenant environ cinquante mille francs de valeurs financières.

La musique militaire faisait entendre une délicieuse mélodie pleine de sentiment. J'attends paisiblement la fin du morceau, et fais ensuite moi-même en ces termes une musique politique, sous forme de lecture à haute et intelligible voix et en restant toujours assis.

Vive la République conservatrice !

A bas, par la voie légale de la dissolution, les tristes gens du Quatre-Septembre, partisans des enterrements civils.

Au nom de Dieu tout-puissant et éternel, malédiction, malédiction, malédiction sur eux !

MESSIEURS,

J'ai reçu l'assignation que voici à l'effet de comparaître, le jeudi 11 janvier courant, devant le tribunal correctionnel de Versailles, pour avoir, à la sortie de la Chambre des Députés, le 12 décembre 1876, vers six heures du soir, proféré les cris suivants :

Vive le Maréchal de Mac-Mahon ! Vive le Sénat ! Vivent les Députés conservateurs, et à bas, par voie de dissolution légale, les radicaux, ennemis de la religion et propagateurs des doctrines athées et révolutionnaires !

Voici ma réponse à cette assignation : elle est détaillée dans les quatre pièces imprimées que je représente, et que je vais vous lire.

Il s'est aussitôt formé autour de moi un groupe nombreux et bienveillant; et j'ai lu avec énergie et sans être interrompu, mais avec calme et en observant les convenances, les deux premières pièces, les mêmes qui sont contenues dans le présent mémoire.

La musique militaire ayant repris ses aimables et douces symphonies, je me suis tu.

Alors seulement un agent de police, petit de taille et replet, et à bonne et excellente figure, est venu très-poliment me prier de vouloir bien le suivre. Je lui ai répondu avec le plus grand calme et avec la même politesse qu'il m'était impossible de satisfaire à ses désirs, et que je ne céderais qu'à la force. J'avais presque envie d'ajouter, par une réminiscence de Mirabeau : Je suis ici par la toute-puissance de Dieu et je n'obéirai qu'à Dieu!

Le doux agent de police m'a fait alors observer avec beaucoup de raison que je provoquais un rassemblement, et que je ne pouvais rester là. Je lui ai répondu, sans m'émouvoir, que j'étais tout disposé à partir volontairement pour aller faire mes dévotions dans l'Église Notre-Dame, s'il me donnait publiquement sa parole d'honneur de ne point m'arrêter : ce qu'il a fait en présence de nombreux témoins; et je me suis éclipsé paisiblement et sans bruit.

J'ai ainsi prouvé à la police, comme je l'ai déjà dit quelque part, que je cède très-volontiers à la douceur, mais que je résiste énergiquement à la violence.

Cet aimable et honnête agent de police a fait preuve de beaucoup de tact et d'adresse, et mérite de l'avancement. Il a certainement empêché un grand scandale. Je prends note de ses bons services; et quand je serai le Mameluck d'une future et jeune Majesté, je lui ferai donner un avancement très-convenable.

MA RÉPONSE A CEUX QUI M'OPPOSENT MA CONDAMNATION, EN 1858,
A TROIS MOIS DE PRISON POUR DÉLIT DE PRESSE

Ministère public durement accusateur, l'arrêt rendu par défaut, dont la signification ne m'est jamais parvenue et qui m'a condamné injustement à trois mois de prison que j'ai volontairement subis, serait-il devenu dix millions de fois définitif et aurait-il acquis dix millions de fois l'autorité de la chose jugée, que mon honneur de réformateur énergique, d'écrivain indépendant et consciencieux, et de père d'une nombreuse et très-honorable famille, serait cent millions de fois intact!

Oui, à une dure accusation de la force de dix millions, je réponds par une énergique affirmation d'honneur de la force de cent millions!

I

Versailles, le samedi 30 décembre 1876.

*A Monsieur le Substitut du Procureur de la République de Versailles
qui m'a interdit de me représenter au Parquet.*

Monsieur le Substitut,

Je regrette beaucoup que certaines paroles de moi, que je
vais transcrire, aient été mal interprétées et, par suite,
prises en fort mauvaise part.

J'ai eu l'honneur de vous dire que la démarche que je
faisais était en faveur du Parquet bien plus qu'en ma
faveur.

En effet, devant tout tribunal équitable, il me sera facile
de prouver que je n'ai poussé qu'un cri public, non séditieux,
passible de onze francs d'amende et de cinq jours au plus
d'emprisonnement.

Pour un délit aussi mince, il n'était pas nécessaire, surtout après mon interrogatoire devant M. le commissaire
de police central, de continuer à me détenir et de m'envoyer
dans une prison. J'étais solvable, porteur sur moi de près
de 8,000 fr., honorablement connu, marié, père de sept enfants, et libraire régulièrement établi. Je ne pouvais donc
pas disparaître, et on n'avait pas le droit de me tenir en-

fermé du moment où j'offrais, en outre, de fournir caution.

D'une autre part, il est positif qu'on m'a soupçonné d'être atteint d'une monomanie religieuse me poussant à proférer des cris de nature à troubler l'ordre public.

Arrêté pour ce motif, on devait me déposer dans un hospice et non me faire passer par toutes les horreurs, toutes les souffrances et toutes les insomnies continuelles et prolongées du dur régime cellulaire. Ici, la violation de la loi de 1838, sur les aliénés, est flagrante. Je le prouverai en temps et lieu ; et, si l'on me fait subir un jugement, je me verrai dans la pénible nécessité de faire ressortir publiquement, et par la voie de la presse, tout ce qu'il y a eu d'illégal et même d'odieux dans les procédés de la police radicale de M. Jules Simon, ministre de l'intérieur et président du conseil des ministres.

Il est évident que mon procès, si on le poursuit, aura un grand retentissement.

L'Évangile nous dit : « Il est nécessaire qu'il arrive des scandales ; mais malheur à celui par qui le scandale arrive ! »

C'est ce malheur que je voudrais conjurer en priant respectueusement le Parquet d'abandonner un prétendu délit d'outrage qui se réduit à une affaire de simple police. N'est-il pas plus qu'évident que, par ma dure détention de quatre jours et de quatre nuits d'un cruel régime cellulaire subi dans toute sa rigueur, par les transes continuelles et douloureuses données à ma femme et à mes sept enfants, et par l'énorme préjudice moral et matériel qu'on m'a porté, en me faisant conduire publiquement, et en plein jour, par un gendarme et avec une menotte ; n'est-il pas plus qu'évident que ma contravention de simple police, si contravention il y a, est plus qu'expiée, et qu'il serait contraire à toute justice et à toute humanité, aussi bien qu'à la maxime *non bis in idem*, ou à celle *summum jus, summa injuria*, d'y donner la moindre suite?

Monsieur le Substitut, vous êtes un magistrat d'avenir; votre figure est noble, vos manières distinguées. Je ne doute pas que votre cœur ne soit excellent. Je fais donc appel à tous vos sentiments les plus délicats, et vous prie respectueusement, au nom de Dieu (Père, Fils et Saint-Esprit, dans le sens de l'Église catholique), et de Jeanne Darc, inspirée de Dieu et protectrice de la France[1], de vouloir bien abandonner les poursuites de la manière la plus absolue. Et ce sera justice!

Quant à mes antécédents judiciaires, j'affirme sur mon honneur que ma condamnation à trois mois de prison a eu pour objet un délit de presse (publication d'un ouvrage ayant pour titre : *Des Réformes urgentes à opérer dans l'administration de l'enregistrement et des domaines*).

L'arrêt du 22 janvier 1858 a été rendu, par défaut, pen-

---

1. Croyant de bonne foi, pour les *cris publics* que j'ai poussés, avoir agi dans l'intérêt de la France en donnant au Chef du Pouvoir un avertissement solennel, et considérant aussi Jeanne Darc comme une grande sainte, protectrice spéciale de la France, j'ai demandé justice au nom de Dieu, auteur de toute justice, et de Jeanne Darc, protectrice de la France et ma protectrice particulière.

Je ne vois là-dessous aucune tocade.

Néanmoins, un prêtre et un religieux, que j'ai consultés, ont été unanimes pour m'engager à supprimer ce passage.

Voici ce que je leur réponds, en maintenant l'intégralité de mon texte :

Prêtres et religieux taciturnes et timorés, vous cédez vous-mêmes à la fausse prudence du siècle, vous reniez indirectement Dieu et ses saints en n'osant point les affirmer en public, et vous baissez tristement pavillon devant l'incrédulité et l'athéisme modernes qui, eux, ne rougissent pas de s'afficher publiquement.

Or, depuis quand la lumière doit-elle s'effacer devant les ténèbres ?

dant que j'habitais Bruxelles; et la signification qui en fut probablement faite à mon dernier domicile en France, à Montmartre, rue Biron, 4, ne m'est jamais parvenue. Il est évident que si l'arrêt avait été contradictoire, la peine eût été moindre. D'ailleurs, la plainte en diffamation d'une administration publique n'avait pas été, aux termes de la loi de 1822, précédée d'une délibération du conseil d'administration autorisant les poursuites. Cette plainte était donc nulle; mais je n'eus connaissance de ce fait qu'en 1864. C'était trop tard.

Quant à ma seconde condamnation correctionnelle (15 jours d'emprisonnement pour avoir apposé des affiches manuscrites avec cette mention : Vive l'Empereur et à bas les lois de sûreté générale!), Sa Majesté l'impératrice Eugénie m'en fit grâce. Une brochure imprimée, jointe à mon dossier, relate les faits et en explique les causes.

Si j'avais eu le malheur, Monsieur le Substitut, ce que je ne crois pas, de manquer au respect que je dois à vous et à la justice, je vous serais obligé de vouloir bien agréer mes très-humbles excuses.

Et maintenant que je me suis expliqué très-clairement et très-honnêtement, mais avec la plus complète indépendance, que la très-sainte volonté de Dieu s'accomplisse!

Daignez agréer, Monsieur le Substitut, l'hommage de mon . sincère respect!

II

UNE LETTRE IMAGINAIRE

Paris, le vendredi 29 décembre 1876.

A Monsieur .... juge d'instruction à ....

MONSIEUR LE JUGE D'INSTRUCTION,

Mes affaires commerciales de fin d'année ne me permettent pas de déférer à votre invitation légale. D'ailleurs les trois pièces imprimées ci-jointes doivent vous prouver autant ma complète innocence que l'illégalité de la dure incarcération qu'on m'a fait subir injustement.

Les bas agents de police qui servent de témoins, et qui m'ont arrêté et maintenu de la manière la plus brutale, sont trop grossiers et trop mal élevés pour que je m'abaisse volontairement à être confronté avec eux. Pendant près de trois heures que j'ai été en leur pouvoir, ils n'ont voulu ni me laisser satisfaire à un pressant besoin naturel, ni me laisser acheter ou me faire acheter chez un pâtissier deux ou trois brioches, attendu qu'ils m'avaient arrêté presque à jeun[1].

Dans ma famille, Monsieur le Juge d'instruction, nous péchons par la vessie et non par la tête. Si dès lors une autre fois il faisait nuit comme lorsque je formulai mon désir, et que je pusse opérer ainsi sans indécence, je p...... sans ménagement, si l'on m'empêchait de nouveau de satisfaire à un pressant besoin naturel, dussé-je éclabousser mes bourreaux; car, à tout prendre, il vaut bien mieux p.... sur un bas agent de police peu complaisant, que de contracter le germe terrible et dangereux d'une maladie de vessie.

Je parle très-sérieusement, Monsieur le Juge d'instruction; car mon pauvre et infortuné père, même avant d'avoir mon âge, a été un vrai martyr de la douleur, et a souffert longtemps et horriblement d'une rétention d'urine qui a fini par le mettre au tombeau à l'âge de 64 ans.

Ce souvenir seul m'oblige à veiller avec soin sur ma vessie, et à ne point la fatiguer par une rétention d'urine.

En résumé, Monsieur le Juge d'instruction, ma confrontation est inutile et vous pouvez passer outre.

Je m'expliquerai devant le tribunal, si l'affaire n'est pas abandonnée.

J'ai eu dans le temps maille à partir avec la police impériale. Je puis affirmer, sur mon honneur et après expérience faite, que ses agents n'ont jamais eu les procédés grossiers et tracassiers de la police radicale de M. Jules Simon-Suisse.

---

1. A raison de ce fait et pendant la première nuit de mon injuste détention, le mauvais pain qu'on m'avait donné étant d'ailleurs immangeable, j'ai passé par toutes les atroces souffrances de l'insomnie et de la faim et par toutes les angoisses ordinaires du prisonnier mis au secret.

III

MOTIFS RÉELS DE MES ACTES POLITICO-RELIGIEUX

Athées de bonne foi (si néanmoins il en existe), libres ou tristes penseurs, incrédules et matérialistes, quand même vous ne considéreriez Notre-Seigneur Jésus-Christ que comme un simple mortel, comme un noble martyr, victime de son amour pour l'humanité, et même, selon l'expression triviale et républicaine de Camille Desmoulins, que comme le premier sans-culotte du monde; invoquez-le de bonne foi et dites-lui avec respect :

« Noble et généreux martyr, nous te considérons comme
« un homme, mais comme un homme supérieur, animé des
« meilleures intentions, et qui nous a aimés jusqu'à verser
« ton sang pour nous.

« Si tu es bien plus encore : s'il est vrai que tu sois
« réellement Dieu et que, dans l'excès de ton amour pour
« nous, tu sois descendu des splendeurs divines pour
« t'emprisonner volontairement, comme un simple mortel,
« dans le chaste sein d'une Vierge (*non horruisti virginis*
« *uterum*); ô Jésus, s'il est vrai que tu sois réellement
« Dieu et homme, Dieu pour nous sanctifier, homme pour
« avoir pitié de nous et pour participer à toutes nos mi-
« sères, moins le péché; oh! daigne me le faire connaître,
« et alors, au lieu de t'honorer comme un mortel et comme
« un martyr digne d'un meilleur sort, je t'adorerai comme
« Dieu ! »

Eh bien ! Messieurs les républicains et les révolutionnaires, j'étais révolutionnaire et républicain comme vous ; j'étais matérialiste comme vous, libre penseur comme vous, impie et débauché comme vous ! La lecture d'un passage de l'odieux livre de Renan, dans lequel cet ignoble blasphémateur osait affirmer, dans les profondeurs de son inepte orgueil et avec la dernière des suffisances, que si Jésus-Christ paraissait de nos jours, les tribunaux correctionnels seuls l'empêcheraient de propager sa doctrine ; cet odieux blasphème souleva d'indignation mon cœur d'honnête homme, bien que je ne visse depuis longtemps dans Notre-Seigneur Jésus-Christ qu'un simple mortel et un généreux martyr. Sous l'empire de cette légitime indignation, j'adressai à Dieu et à Notre-Seigneur Jésus-Christ la prière que je viens de transcrire, et j'ajoutai :

Mon Dieu ! daignez me convertir et faites plus encore : faites un saint de la plus impure des créatures humaines. Que je puisse même en votre nom et pour bien établir que votre doctrine n'a rien à craindre des tribunaux, résister énergiquement et impunément à tous les pouvoirs humains.

Dieu a daigné exaucer mes vœux. Il m'a d'abord éclairé et converti.

Ensuite et en son nom, j'ai impunément bravé le Gouvernement impérial dans toute la force de son despotisme.

J'ai bravé deux fois de suite, avec la dernière des audaces et impunément, le premier Pouvoir du pays, une Chambre toute-puissante aux yeux des hommes, très-faible et très-petite devant Dieu, une Chambre qui sera dissoute, parce qu'elle a des tendances impies et révolutionnaires.

J'ai encore résisté légalement à tout le Parquet de Versailles, ainsi que je le prouverai un jour, et ne me suis jamais sérieusement préoccupé de toutes les menaces qu'on a pu me faire, soutenu que j'étais par ma conscience et mon bon droit.

Et attendu que, dans toutes ces circonstances, j'ai réellement agi au nom de Notre-Seigneur Jésus-Christ, et comme preuve qu'étant vrai Dieu et vrai homme, il n'a rien à craindre des pouvoirs humains, je défie tout tribunal équitable de m'infliger une punition réellement méritée; car c'est Notre-Seigneur Jésus-Christ lui-même qui a disposé les événements de telle manière que les torts fussent imputables plutôt à l'autorité qu'à moi-même.

———————

Je m'étais mis, en outre, sous la protection spéciale de Notre-Dame de la Salette, en la priant avec ferveur et conviction, et en faisant, à cet effet, brûler plusieurs fois des cierges en son honneur et aux pieds de sa statue, dans l'Église Notre-Dame de Versailles.

J'avais demandé avec amour et avec respect à la très-sainte Vierge, sous le vocable de Notre-Dame de la Salette, de vouloir bien me prendre, elle et son divin Fils, sous leur protection et d'arranger les choses de manière que, dans les manifestations publiques que je ferais en leur nom, je ne pusse violer sérieusement aucune loi humaine : ce qui s'est pleinement réalisé, ainsi qu'on l'a vu dans une des pièces qui précèdent celle-ci.

M. le commissaire de police central s'est moqué de moi à cause de mes sentiments religieux et de mon culte d'amour et de respect envers Notre-Dame de la Salette. Je préviens M. le commissaire de police central que cette triste moquerie lui portera malheur et qu'il sera puni, tant à cause de son impiété que des abus de pouvoir dont il s'est rendu coupable envers moi et dont j'ai fourni la preuve dans un autre Mémoire.

Un honorable magistrat mûr pour la retraite, M. le juge d'instruction Lambinet, vénérable vieillard à cheveux blancs et à barbe et favoris de neige, sans se moquer de mes sentiments religieux, a vu une preuve de folie dans mon culte de respectueux amour et de confiance filiale envers Notre-Dame de la Salette.

M. le juge d'instruction m'a ainsi considéré comme un monomane religieux troublant par ses cris l'ordre public, et m'a lui-même et dans son cabinet qualifié de fou. C'est donc en violation formelle de l'article 24 de la loi du 30 juin 1838 sur les aliénés, que M. le juge d'instruction a continué à me détenir, non pas dans un hospice, comme l'exige la loi, mais dans une prison soumise à toutes les rigueurs du système cellulaire et dans laquelle on m'a fait coucher, pendant quatre nuits de seize heures chacune, sur un lit précédemment occupé par le sieur Petit (Marcelin), de la Villette, condamné à dix ans de travaux forcés, ainsi que l'indique une inscription gravée sur les murs de la cellule (n° 46 du 3e étage).

On voit donc que si, de mon côté, par des cris publics non séditieux, j'ai commis une simple contravention de police passible d'une faible amende de onze francs et d'un emprisonnement de cinq jours au plus qui, à raison des circonstances atténuantes, ne serait jamais prononcé contre moi, l'autorité a commis à mon égard une bien plus grande illégalité en me faisant enfermer avec des criminels, et en me faisant conduire, en plein jour, devant le juge d'instruction et ramener dans ma cellule par un gendarme me tenant la main gauche avec une menotte. Dans cet état, moi, libraire établi à Versailles depuis 15 ans, honorablement connu, marié et père de sept enfants (mon fils aîné est maréchal des logis au 22ᵉ d'artillerie à Versailles), j'ai été rencontré par plusieurs personnes de ma connaissance.

Je demande dès lors justice contre cet attentat à ma liberté et à mon honorabilité.

Il n'y a que de misérables passions politiques qui aient pu faire violer la loi à ce point par les tristes gens du 4 septembre.

Je suis un honnête père de famille, un bonapartiste bien connu, resté fidèle au malheur, et qui repousse de toute l'énergie de ses convictions les perpétuelles et impuissantes calomnies des pères de l'horrible Commune de 1871, lesquels voudraient derechef arriver au Pouvoir.

Je ne méritais donc pas d'être traité comme un malfaiteur, et je demanderai justice, par toutes les voies honnêtes et légales, jusqu'à ce qu'elle me soit rendue !

Ma cruelle et inique détention de quatre jours et de quatre nuits d'un dur régime cellulaire n'est rien en comparaison des suites déplorables qu'elle vient d'amener.

En outre d'un fort rhume et d'une maladie hémorroïdale résultant du dur traitement et des émotions que j'ai subis, maintenant, dans mon intérieur, je n'ai plus ni calme ni paix. Notre vie de famille est réellement empoisonnée.

Qu'un agent de police se présente dans mon magasin pour acheter quelque chose, on croit aussitôt qu'il vient pour m'arrêter.

Qu'une importante affaire de librairie me retienne quelques heures de plus à Paris ou à Versailles, ma femme et mes pauvres enfants sont dans les transes les plus cruelles et s'imaginent qu'on vient encore de m'incarcérer ; car la police ne cesse de me faire des menaces et de dire à ma femme de bien m'avertir et de me surveiller; qu'à la moindre manifestation bonapartiste que je ferais encore, je serais traité avec la dernière rigueur.

Depuis lors ma pauvre femme et mes malheureux enfants, qui n'ont pas ma force de caractère, ne cessent de trembler et de pleurer, et n'ont de repos ni nuit ni jour. La nuit ils ont le cauchemar et ils rêvent qu'on me maltraite et qu'on m'emprisonne.

Et il ne me sera pas permis de me plaindre!

Ah! pleure, pleure, jeune fille,
Ton pauvre père est arrêté!
Malgré sa nombreuse famille,
Sous les verrous il est resté.

Mon Dieu, quelle horrible souffrance!
Deux jours et deux nuits au secret! (1)
Après quatre nuits, l'espérance
Sur mon dur grabat reparaît.

Oui, la douceur est ma seule arme.
On m'interroge durement.
Avec sa menotte un gendarme
Vient me prendre brutalement.

----

1. Pendant les deux premiers jours de ma cruelle et inique détention, je n'ai pu communiquer avec personne, pas même avec ma femme ou avec mon avocat.

Je n'ai commis délit ni crime
Et suis très-fidèle au malheur.
Je deviens ainsi la victime
Des nobles élans de mon cœur.

Nous vous reverrons, jeune Prince,
La France soupire après vous.
De l'exil quittez la province
Et comblez nos vœux les plus doux !

IV

PREUVES DÉFINITIVES DE MON INNOCENCE

Versailles, Maison d'Arrêt de la rue St-Pierre, 15 *décembre* 1876.

MONSIEUR LE JUGE D'INSTRUCTION,

Je n'ai pas signé votre procès-verbal parce que, très-fatigué et n'ayant pas fermé l'œil de toute la nuit, je craignais que ma mémoire ne me fît défaut : c'est ce qui est arrivé. Voici, sauf les répétitions réitérées du même cri, l'ordre dans lequel ces cris ont été proférés.

I

1er Groupe. — *Parti conservateur*

Vive le Maréchal de Mac-Mahon ;
Vive le Sénat ;
Vivent les Députés conservateurs !

II

2e Groupe. — *Parti radical*

Dissolution ! Dissolution ! Dissolution ! A bas les Radicaux ! Même les Députés radicaux ! Dissolution par les voies pacifiques et légales.

Oui,

Dissolution de la Chambre des Députés, pour cause d'impuissance !

Mon cri : *Dissolution !* — *A bas les Radicaux !* est connexe et signifie évidemment : *A bas les Radicaux* par la voie de la dissolution légale !

Or, ce cri est correct et n'est ni injurieux, ni outrageant, *vive* et *à bas* étant les deux termes politiques de l'affirmation et de la négation, et n'impliquant en eux-mêmes rien de délictueux.

Quant au fait d'avoir fait brûler un cierge d'un franc devant la statue de Notre-Dame de la Salette, pour invoquer spécialement sa haute protection, c'est un acte de vraie et solide piété autorisé et expressément recommandé par notre très-saint Père le Pape, commun à bien des fidèles, et qui ne saurait constituer un acte de bigotisme ou de folie. Je prétends même que Notre-Dame de la Salette m'a pleinement exaucé, et je le prouverai quand on me livrera à des juges indépendants, et non à des agents de police, ministres trop souvent de l'arbitraire et de l'iniquité.

En résumé, les cris que j'ai proférés sont des cris publics, mais qui n'ont rien de séditieux ; et je ne comprends point que, pour une aussi mince peccadille, on ait le droit de me retenir indéfiniment ici et de continuer à m'arracher à mon commerce, à ma femme et à mes enfants.

Monsieur Lambinet, vous êtes un très-habile juge d'instruction ; mais permettez-moi de vous dire que vous êtes un fort mauvais théologien !

Votre très-respectueux prisonnier.

Typographie Lahure, rue de Fleurus 9, Paris.

www.ingramcontent.com/pod-product-compliance
Lightning Source LLC
Chambersburg PA
CBHW051719050726
47598CB00003B/965